Markieren und lernen

Kopiervorlagen für den Alphakurs

Gisela Darrah

1

Vorüberlegungen

Der Textmarker ist ein hervorragendes Mittel, um Wissenserwerb optisch zu unterstützen. Besonders in der Alphabetisierung, wo viele Teilnehmer Schwierigkeiten damit haben, sich auf dem Blatt zu orientieren, bietet er eine konkrete Hilfe an. Meiner Erfahrung nach wird er auch gern benützt.

Man kann verschiedene Teile eines Textes in verschiedenen Farben markieren, Wörter aus einem Wortsalat heraussuchen oder Buchstabenkombinationen in einem Text finden und markieren, um nur einige Beispiele zu nennen.

Wenn Sie Teilnehmer haben, die noch nicht sicher im Erkennen sind, empfehle ich, zuerst mit Bleistift zu unterstreichen, dann zu kontrollieren und dann erst mit dem Textmarker zu arbeiten.

Wenn Sie nur eine Farbe für eine Aufgabe benötigen, ist gelb immer sehr gut. Es lässt die Schrift noch gut erkennbar durchscheinen, verdeckt nicht. Gelb wird als positiv und freundlich angesehen, wie etwa die Sonne mit ihrem Licht. Wenn Sie mehrere Farben brauchen, dann nehmen Sie möglichst helle Farben wie Rosa, Hellgrün etc. Es ist wichtig, dass die Teilnehmer den Textmarker nicht mit Farbstiften verwechseln und dass sie wissen, sie können über das Wort streichen und nicht müssen nicht unterhalb des Wortes bleiben wie beim Unterstreichen.

Dieses Übungsbuch versteht sich nicht als Lehrbuch mit Progression, sondern als **Zusatz** *zu Alpha-Lehrbüchern, aus dem Sie sich zu Ihrem jeweiligen Thema etwas zur Klasse Passendes aussuchen können. Dadurch können individuelle Schwierigkeiten von Teilnehmern bearbeitet werden, der Blick für die Buchstaben wird geschult. Je nach Klasse kann man die Übungen darüber hinaus als Leseübungen verwenden. Die Aufgaben können auch in Partnerarbeit gelöst werden. Oft ist es auch möglich, mit 2 oder mehr Farben zu arbeiten, z. B. bei den Buchstaben die Großbuchstaben und Kleinbuchstaben noch zu differenzieren. Sie können das an den Stand Ihrer Klasse anpassen.*

Die Übungen sind auch gut für die Konzentration, besonders wenn es einmal sehr lebhaft zugegangen ist, können die Teilnehmer wieder gut herunterfahren. Noch ein letzter Aspekt: Schreibanfänger strengt es oft an, viel zu schreiben. Das Markieren hat den gleichen Lerneffekt, aber ohne schreiben zu müssen.

Und nun viel Freude und Erfolg beim Lernen und Lehren.

Gisela Darrah

Herstellung und Verlag:
BoD- Books on Demand, Norderstedt
ISBN: 9783752878431

Inhaltsverzeichnis

Buchstaben erkennen und unterscheiden:

A – Z in alphabetischer Ordnung 6 - 39

Umlaute 40 –42

Groß- und Kleinbuchstaben 43 – 44

Vokale 45 - 49

Buchstabenkombinationen 50 - 59
ie 50
ch 51
sch 53
ei 55
eu 57
äu 59

Wörter inhaltlich ordnen (A1-Bereich) 61 - 64

Grammatik deutlich machen (A1-Bereich) 65 - 72

Artikel 65
Wortarten 66
Wortstellung im Satz 68
Konjugation im Präsens 69
Verben mit Vokalwechsel 70
Partizip-2-Bildung 71

A / a

Markieren Sie A und a:

Mama   Papa   Ente   Kanne

Tante   Wanne   alle   dann

in   an   Kind   Kaffee   Sonne

da   du   das   die   der   malen

lesen   Banane   Melone   unten

Ananas   Apfel   Wagen   Regen

Wald   Welt   acht   sieben

Laden   Dame   Name   Nase

....

Schreiben Sie alle Wörter, die ein A oder a enthalten, ins Heft.

A / a

Markieren Sie die Buchstaben A/a, lesen Sie und schreiben Sie:

1. *Der Apfel ist rot.*   2. *Die Ananas ist gelb.*

3. *Der Name ist Ali.*   4. *Mama ist da.*

5. *Die Dame ist im Laden.*   6. *Papa will Kaffee.*

7. *Die Banane ist gelb.*

....

Was passt? Ergänzen Sie:

1. *Der _ _ _ _ ist Ali.*

2. *_ _ _ _ ist da.*

3. *Der _ _ _ _ _ ist rot.*

4. *Die Dame ist im _ _ _ _ _ .*

5. *Die _ _ _ _ _ _ ist gelb.*

6. *_ _ _ _ will Kaffee.*

B / b

Markieren Sie B und b:

Banane   Brot   Gabel   ab

Post   Mappe   Sabine   Bett

blau   oben   unten   gelb

Geld   Gold   braun   grün

Buch   Heft   Kuli   bis

ist   Bild   Foto   Bio   Tomate

Karotte   Zwiebel   Paprika

Puppe   Suppe   Brief   sieben

....

Schreiben Sie alle Wörter, die ein B oder b enthalten, ins Heft.

B / b

Markieren Sie B/b, lesen Sie und schreiben Sie:

1. Das Bett ist da.   2. Wir lesen das Buch.

3. Wir malen das Bild.   4. Wir essen Brot und Butter.

5. Der Brief ist vom Amt.   6. Ich kaufe die Bio-Bananen.

7. Die Hose ist blau.

....

Was passt? Ergänzen Sie:

1. Der _ _ _ _ _ ist vom Amt.

2. Wir essen Brot und _ _ _ _ _ _ .

3. Wir malen das _ _ _ _ ,

4. Das _ _ _ _ ist da.

5. Wir lesen das _ _ _ _ .

6. Die Hose ist _ _ _ _ .

7. Ich kaufe Bio- _ _ _ _ _ _ _ .

C / c

Markieren Sie Wörter mit C und c:

Cola   Kaffee   Creme   Tee

Computer   Heft   Kasse   Kind

Cornelia   Claudia   Kuss

Klasse   Café   Wasser   Kino

....

Markieren Sie C/c, lesen Sie und schreiben Sie:

1. Wir trinken Cola.

2. Cornelia trinkt Kaffee.

3. Das Kind ist am Computer.

4. Claudia ist im Café.

5. Die Creme ist an der Hand.

D / d

<u>*Markieren Sie D und d:*</u>

Dose   Rose   Dame   Name

dann   wann   da   Dorf   das

die   der   unten   oben

danke   bitte   dort   Dach

Rad   Wald   Welt   alt   oder

....

<u>*Markieren Sie D/d, lesen Sie und schreiben Sie:*</u>

1. Die Rose ist rot.
2. Die Dame ist da.

3. Der Name ist Dora.
4. Danke, das ist nett.

5. Das Dach ist dort.
6. Die Dose ist offen.

E / e

Markieren Sie E und e:

Ente	der	Anna	Udo
Welt	Wetter	Enno	Onno
Erdbeere	Tomate	Lampe	
Dame	Name	Tante	Bett
Mama	Ohr	Uhr	Essen
Fest	Heft	Info	Sofa
Sonne	Radio	Rad	Rose
Erika	Monika	lesen	malen

Schreiben Sie alle Wörter, die ein E oder e enthalten, ins Heft.

E / e

Markieren Sie E/e, lesen Sie und schreiben Sie:

1. Die Ente ist nass.   2. Das Essen ist gut.

3. Die Erdbeere ist rot.   4. Enno ist nett.

5. Erika will lesen.   6. Wir lesen und malen.

....

Was passt? Ergänzen Sie:

1. _ _ _ _ ist nett.

2. Die _ _ _ _ ist nass.

3. Wir _ _ _ _ _ und malen.

4. Die _ _ _ _ _ _ _ _ ist rot.

5. Das _ _ _ _ _ ist gut.

6. _ _ _ _ _ will lesen.

F / f

Markieren Sie F und f:

Foto   Film   Apfel   Gabel

Fenster   Rad   Rose   Familie

Frau   Tante   Oma   Mama

Mann   Fahrrad   Zug   Bus

fett   nett   fahren   Frisör   Fest

Fatma   Firas   Gisela   Anna

....

Markieren Sie F/f, lesen Sie und schreiben Sie:

1. Die Familie ist nett.   2. Das Fenster ist offen.

3. Fatma und Firas fahren Fahrrad.

4. Der Film ist gut.

G / g

<u>*Markieren Sie G und g:*</u>

Gabel   *Geld*   *Anton*   *Regen*

gelb   *rot*   *gut*   *fit*   *da*

Wagen   *Rad*   *Gold*   *Regina*

Karotte   *Glas*   *Tasse*   *Teller*

Wasser   *grün*   *lila*   *Gast*

....

<u>*Markieren Sie G/g, lesen Sie und schreiben Sie:*</u>

1. *Regina hat Geld.*   2. *Die Gabel ist gut.*

3. *Das Gold ist gelb.*   4. *Das Wasser ist im Glas.*

5. *Die Hose ist grün.*   6. *Der Pulli ist gelb.*

H / h

Markieren Sie H und h:

Hund Hand hinten essen

helfen Hanna Anna Mama

Hase Heft Buch Mappe

Papa Herz Hose halt

Hotel Hilfe Hunger Limo

Hamburger Hallo Hemd

....

Lesen Sie:

1. Das Hotel ist toll. 2. Hilfe! Da ist der Hund.

3. Das Hemd ist rot. 4. Der Hase ist braun.

5. Der Hamburger ist gut. 6. Das Herz ist rot.

I / i

Markieren Sie I und i:

mit	*Mittwoch*	*Mama*	*Milch*
im	*in*	*Insel*	*Pinsel*	*ist*
sind	*Info*	*Post*	*Ampel*
Pulli	*Mami*	*nett*	*Hilfe*
Imbiss	*Mina*	*Nina*	*Sabine*
Kino	*Bild*	*Foto*	*Heft*

....

Lesen Sie:

1. *Der Imbiss ist da.*   2. *Der Pulli ist warm.*

3. *Mina ist nett.*   4. *Wo ist die Info?*

5. *Die Insel ist im Meer.*   6. *Ina ist im Kino.*

J / j

Markieren Sie J und j:

Jacke   jetzt   ja   nein   da

Januar   April   Juni   Februar

Winter   Juli   September   jeder

jung   Junge   Mädchen   Judo

Fußball   Monat   Tag   Jahr

Brot   Milch   Joghurt   Obst

....

Lesen Sie:

1. Das Kind ist ein Junge.   2. Die Jacke ist blau.

3. Im Januar ist es kalt.   4. Im Juli ist es warm.

5. Jens macht Judo.   5. Wir essen Joghurt mit Obst.

K / k

Markieren Sie K und k:

Kartoffel   Karotte   Apfel   Paprika

Kino   Film   Kind   Kinder

kalt   alt   warm   krank   gesund

kochen   essen   Kasse   Geld

kaufen   laufen   Kaffee   Tee

trinken   danke   Kuchen   Torte

....

Lesen Sie:

1. *Ich kaufe Kartoffeln und Karotten.*

2. *In der Kasse ist das Geld.*

3. *Wir essen Kuchen.*

L / l

Markieren Sie L und l:

Lampe	*lesen*	*Luft*	*Lisa*
Anna	*Mona*	*Lara*	*Sara*
Lippe	*lila*	*rosa*	*lachen*
grau	*Klasse*	*Lolita*	*Lars*

....

Lesen Sie:

1. *Die Lampe ist hell.* 2. *Wir atmen Luft.*

3. *Der Pulli ist lila.* 4. *Wir lesen das Buch.*

5. *Lara und Sara lesen.* 6. *Alle lachen.*

M / m

Markieren Sie M und m:

Maria   Mama   Emma   Anna

Milch   Butter   Marmelade   Saft

am   Sommer   Sonne   Zimmer

malen   lesen   Mund   Mond

Winter   Mai   Mona   Martin

kommen   Land   warm   kalt

Ampel   Lampe   Lamm   Hase

Mutter   Kind   Familie   mit

Mittwoch   Montag   Sonntag

Schreiben Sie alle Wörter, die ein M oder m enthalten, ins Heft.

M / m

Markieren Sie M/m, lesen Sie und schreiben Sie:

1. Am Mittwoch kommt Mama.   2. Die Milch ist warm.

3. Am Montag kommt Emma.   4. Wir malen die Lampe.

5. Die Ampel ist rot.   6. Der Mund ist rot.

7. Mona ist nett.

....

Was passt? Ergänzen Sie:

1. Wir _ _ _ _ _ die Lampe.

2. Am _ _ _ _ _ _ _ _ kommt Mama.

3. Der _ _ _ _ ist rot.

4. Die _ _ _ _ _ ist rot.

5. _ _ _ _ ist nett.

6. Die _ _ _ _ _ ist warm.

7. Am _ _ _ _ _ _ kommt Emma.

N / n

Markieren Sie N und n:

Nuss   Kuss   Nadel   Faden

Name   Dame   nein   Nena   Anna

Ente   danke   wann   dann   an

Nudel   Mann   Frau   Kind   im

Wind   Kind   Ente   Mantel

Hose   Pulli   Kino   Oma   Opa

Ananas   Kanne   Kaffee   Tee

Nase   Hase   Mund   Nina

....

Schreiben Sie alle Wörter, die N oder n enthalten, ins Heft.

N / n

Markieren Sie N/n, lesen Sie und schreiben Sie:

1. Die Nase ist lang.   2. Nina sagt nein.

3. Der Name ist Nena.   4. Wir essen Nudeln.

5. Die Nuss ist braun.   6. Das Kind ist im Kino.

7. Der Tee ist in der Kanne.

....

Was passt? Ergänzen Sie:

1. Nina sagt _ _ _ _ .

2. Das Kind ist im _ _ _ _.

3. Die _ _ _ _ ist braun.

4. Der Tee ist in der _ _ _ _ _ .

5. Wir essen _ _ _ _ _ _ .

6. Der Name ist _ _ _ _ .

7. Die _ _ _ _ ist lang.

O / o

Markieren Sie O und o:

Oma Mama Papa Opa

Sonne Saft Sommer Winter

ist bist essen Wasser

kommen Obst Kino am

Foto Bild Sofa Sessel

Mofa Fahrrad Note Nase

Orange Apfel Karotte Tomate

Dorf toll super gut oft

....

Schreiben Sie alle Wörter, die O oder o enthalten, ins Heft.

O / o

Markieren Sie O/o, lesen Sie und schreiben Sie:

1. Oma und Opa sind da.   2. Das Dorf ist toll.

3. Die Orange und der Apfel sind Obst.

4. Die Sonne ist am Himmel.

5. Das Foto ist gut.   6. Das Sofa ist rot.

....

Was passt? Ergänzen Sie:

1. Die Orange und der Apfel sind _ _ _ _ .

2. Das Dorf ist _ _ _ _ .

3. Oma und _ _ _ sind da.

4. Das _ _ _ _ ist gut.

5. Das _ _ _ _ ist rot.

6. Die _ _ _ _ _ ist am Himmel.

P / p

<u>*Markieren Sie P und p:*</u>

Papa   Opa   Mama   Oma

Puppe   Suppe   Mappe   Kappe

Post   Kino   Paprika   Tomate

Pulli   Pullover   Hose   Park

....

<u>*Lesen Sie:*</u>

1. Die Kinder sind im Park.   2. Papa und Opa sind da.

3. Die Suppe ist warm.   4. Der Pulli ist gut.

5. Die Post ist da.   6. Die Mappe ist rot.

Q / q

Markieren Sie Q und q:

Quark   Quatsch   Kamera   kalt

quer   kochen   Kind   Quadrat

Quadratmeter   Zimmer   Wohnung

Quirl   Qualität   Krawatte   kann

Quitte   Apfel   Birne   Quittung

Quiz   Fernsehen   Sofa   gut

…...

Schreiben Sie alle Wörter, die Q oder q enthalten, ins Heft.

Q /q

Markieren Sie Q/q, lesen Sie und schreiben Sie:

1.   Wir essen Brot mit Quark.

2.   Das Sofa ist bequem.

3.   Die Qualle ist im Meer.

4.   Der Pulli hat gute Qualität.

5.   Das Bett ist bequem.

6.   Die Wohnung hat 70 qm.

7.   Der Quirl ist in der Küche.

…..

Was passt? Ergänzen Sie:

1.   Der Pulli hat gute _ _ _ _ _ _ _ _ .

2.   Die _ _ _ _ _ _   ist im Meer.

3.   Wir essen Brot mit _ _ _ _ _ .

4.   Das Bett ist _ _ _ _ _ _ .

5.   Der _ _ _ _ _   ist in der Küche.

6.   Die Wohnung hat 70 _ _ _ _ _ _ _ _ _ _ _

R / r

Markieren Sie R und r:

Rad   Radio   rund   rot   Rose

Blume   blau   braun   grau

Es regnet.   Regina   Robert   Rami

Artur   rosa   Brot   Februar

April   September   Oktober

Regen   Wasser   Rock   Hose

....

Lesen Sie:

1. Die Rose ist rot.   2. Der Regen ist nass.

3. Regina kommt im April.   4. Das Brot ist alt.

5. Das Radio ist an.   6. Der Pulli ist rosa.

S / s

Markieren Sie S und s:

Sofa   Sonne   Sonntag   Saft

was   wann   wer   das   der

Wasser   ist   Messer   essen

Sandra   Sara   Salat   Sessel

Salz   Zucker   Klasse   Kasse

Nuss   Null   Ananas   Samstag

....

Lesen Sie:

1. *Sara und Sandra essen Salat.*

2. *Das Sofa und der Sessel sind blau.*

3. *In der Suppe ist Salz.*

4. *Die Sonne ist warm.*

ß

<u>Markieren Sie ß:</u>

Straße	Haus	Wasser	nass
weiß	Soße	Gasse	heißen
Dose	Fuß	Gruß	Gras
groß	Kasse	heiß	Fass

....

<u>Lesen Sie:</u>

1. Der Fuß ist groß.

2. Die Straße ist nass.

3. Die Wand ist weiß.

4. Wie heißen Sie?

5. Im Sommer ist es heiß.

T / t

Markieren Sie T und t:

Tante   Kind   Tanne   Tonne

Tomate   Tamara   Tina   Mina

Tee   Ente   toll   krank   alt

kalt   tanzen   beten   kommen

lesen   Kasten   Kasse   kalt

....

Lesen Sie:

1. *Das Kind ist krank.*   2. *Die Tante kommt morgen.*

3. *Wir tanzen mit Musik.*   4. *Die Tomaten sind gut.*

5. *Das Wetter ist kalt.*   6. *Der Film ist toll.*

7. *Tamara und Tina tanzen.*

U / u

Markieren Sie U und u:

und	*Mund*	*Hund*	*unten*
Ute	*Udo*	*Bus*	*Zug*
Nuss	*Nudel*	*Nadel*	*Faden*
Dame	*Mann*	*super*	*du*	*Pulli*
Hose	*Dose*	*null*	*U-Bahn*

....

Lesen Sie:

1. Die Nudeln sind super.   2. Der Pulli ist gut.

3. Der Mann ist unten.   4. Udo ist im Bus.

5. Ute ist im Zug.   6. Der Hund ist in der U-Bahn.

V / v

Markieren Sie V und v:

Vogel   Vater   Papa   Mama   viel

Vera   Sara   Veronika   Ina

vergessen   verheiratet   Vase   vor

Vorname   Familienname   Adresse

Vormittag   Nachmittag   November

Visum   Pass   Name   von   dann

....

Lesen Sie:

1. *Am Vormittag kommt Vater.*

2. *Vera und Viktor sind verheiratet.*

3. *Das Visum ist im Pass.*

W / w

Markieren Sie W und w:

Wind   Wetter   Regen   Sonne

Wasser   Glas   warm   kalt

Wand   Zimmer   Welt   Bild

wo   wann   wie   was   woher

kommen   wohnen   Beruf   Land

Wolke   Gewitter   Wald   Tanne

....

Lesen Sie:

1. Die Wolke ist am Himmel.   2. Die Tannen sind im Wald.

3. Der Wind ist kalt.   4. Das Wetter ist gut.

5. Wir wohnen in Worms.   6. Das Wasser ist im Glas.

X / x

Markieren Sie X / x und lesen Sie:

Taxi   Teller   Text   Test

Mixer   Max   Melone   Mond

Box   Boxer   Banane   Bett

. . . .

Schreiben Sie alle Wörter, die X / x enthalten, ins Heft.

Markieren Sie die Buchstaben X – x, lesen Sie und schreiben Sie:

1. Wir lesen den Text   *2. Das Taxi ist da.*

3. Die Box ist gelb.   *4. Wir senden das Fax.*

5. Felix ist im Taxi.   *6. Max ist nett.*

7. Der Mixer ist in der Küche.

Y / y

Markieren Sie Y / y und lesen Sie:

Party   *Hobby*   *Handy*   *Hand*

Pony   *Foto*   *Baby*   *Kind*   *da*

Yoga   *Yoghurt*   *Milch*   *Butter*

. . . .

Schreiben Sie alle Wörter, die Y / y enthalten, ins Heft.

Markieren Sie Y/y, lesen Sie und schreiben Sie:

1. *Wir machen Yoga.*

2. *Die Kinder essen Yoghurt mit Obst.*

3. *Wir telefonieren mit dem Handy.*

4. *Am Samstag ist eine Party.*

5. *Das Pony ist klein.*

Z / z

Markieren Sie Z und z:

Zitrone   Orange   Apfel   Zucker

Mango   Herz   Salz   Zeit

Zoo   so   Platz   sitzen   Zeit

....

Schreiben Sie alle Wörter, die Z / z enthalten, ins Heft.

Lesen Sie und schreiben Sie:

1. Die Zitrone ist gelb.

2. Sina trinkt Tee mit Zucker.

3. Ich esse Suppe mit Salz.

4. Das Herz ist rot.

5. Ich sitze auf dem Platz.

6. Haben Sie am Sonntag Zeit?

Umlaut Ä / ä

Markieren Sie Ä / ä und lesen Sie:

Äpfel   Birnen   Melonen   Apfel

Käse   Milch   Zahn   Zähne

Mädchen   Junge   alt   älter

....

Schreiben Sie alle Wörter, die Ä / ä enthalten, ins Heft.

Lesen Sie, markieren Sie Ä/ä und schreiben Sie:

1. Otto isst zwei Äpfel.   2. Wir essen Brot mit Käse.

3. Das Mädchen ist klein.   4. Das Kind hat drei Zähne.

5. Anna ist älter als Lena.   6. Die Äpfel sind rot.

7. Der Käse ist gut.

Umlaut Ö / ö

Markieren Sie Ö/ö und lesen Sie:

Sohn   Söhne   Tochter   Töchter

Öl   Salat   Tomate   Brötchen

Gabel   Messer   Löffel   Fön

öffnen   offen   Öffner   Dose

....

Schreiben Sie alle Wörter, die Ö / ö enthalten, ins Heft.

Markieren Sie, lesen Sie und schreiben Sie:

1. Wir essen Salat mit Öl.   2. Wir essen Brötchen mit Butter.

3. Wir essen Suppe mit dem Löffel.   4. Anna hat zwei Söhne.

5. Im Motor ist Öl.   6. Wir öffnen die Dose mit dem Öffner.

7. Der Fön ist im Bad.

....

Umlaut Ü / ü

Markieren Sie Ü / ü und lesen Sie:

Gemüse   Paprika   Küche   Bad

Müsli   Brot   Tür   Fenster

fünf   grün   blau   gelb   rot

....

Schreiben Sie alle Wörter, die Ü / ü enthalten, ins Heft.

Markieren Sie Ü/ü, lesen Sie und schreiben Sie:

1. Wir essen Müsli mit Erdbeeren.

2. Wir essen Suppe mit Gemüse.

3. Die Übung ist gut.

4. Mama ist in der Küche.

5. Da sind fünf Kinder.

6. Die Tür ist offen.

7. Tomaten und Kartoffeln sind Gemüse.

Markieren Sie alle Großbuchstaben:

A F g p

S G V e

B d i K

C x U P

z E q n

W t D L

Markieren Sie alle Kleinbuchstaben:

Z   i   ü   W

G   B   X   a

r   R   V   b

E   O   m   s

x   A   d   D

P   g   s   I

A / a

Markieren Sie A und a und lesen Sie:

Hand	Name	Bett	Sonne	gut
Dame	Heft	Bild	Abend	in
Foto	Wand	Wind	Kanne	an
Anna	Lilo	dann	Mann	bin
Mund	Hase	Nase	Ampel	ist
Bio	Weste	Lampe	Sofa	alt
Abend	Morgen	Mittag	nett	Kanne
Zimmer	Nuss	Tafel	Klasse	

....

Schreiben Sie alle Wörter, die A oder a enthalten, ins Heft.

E / e

Markieren Sie E – e und lesen Sie:

Bett	Sonne	Salat	Hand	Heft
Post	Ampel	Ente	Insel	Mond
Nudel	Hund	Hose	Lampe	Radio
Regen	Wetter	Essen	nett	gut
gelb	Telefon	Info	Tomate	
Bus	Geld	Gold	Rad	Winter
Sommer	Rad	Name	Hase	

....

Schreiben Sie alle Wörter, die ein E oder ein e enthalten, ins Heft.

I / i

Markieren Sie I und i und lesen Sie:

Sonne	Pulli	Wind	Wand
im	Tante	Zitrone	Tee	Milch
Land	Name	Imbiss	Winter
Hotel	Rad	Luft	Opa
mit	bitte	Dose	Info
Sabine	Bio	Foto	Hand
Lampe	Radio	Hilfe	Hotel
Hund	Bett	Banane	Brot

....

Schreiben Sie alle Wörter, die ein I oder i enthalten, ins Heft.

O / o

<u>Markieren Sie O und o und lesen Sie:</u>

Oma   Hotel   Sofa   Bett

Banane   Foto   Lampe   Mappe

Telefon   Note   Mona   Post

Fahrrad   Hose   Hund   Nudel

Mond   Bus   Info   Sonne

Wind   Wetter   Rad   Rose   rot

rund   Radio   Geld   Gabel

Gold   Dose   Ampel   Pulli

....

<u>Schreiben Sie alle Wörter, die ein O oder ein o enthalten, ins Heft.</u>

U / u

<u>*Markieren Sie U und u und lesen Sie:*</u>

Bus   Telefon   Tomate   gut

Hund   Mund   Sonne   Heft

U-Bahn   super   Wind   Mama

Zug   Kind   du   Pulli   rund

rot   Nadel   Nudel   nett   unten

oben   Wurst   Mond   Hotel   Uhr

Pullover   Kuli   Hose   Dose

gesund   alt   Nuss   nass

....

<u>*Schreiben Sie alle Wörter, die ein U oder ein u enthalten, ins Heft.*</u>

ie

*Markieren Sie **ie** und lesen Sie:*

Brief   Bier   Bett   Brot   bitte

sieben   vier   viel   drei   hier

Sie   wie   spielen   lesen

hier   arbeiten   schreiben   wieder

Miete   Biene   Beine   Meier

Wie heißen Sie?   Wie geht es Ihnen?

Wie ist Ihr Name?   Wie ist Ihre Adresse?

....

Schreiben Sie die Wörter mit ie ins Heft.

Ch / ch

Markieren Sie Ch und ch:

Buch	Kuchen	Dach	lachen
Bett	auch	Mädchen	Junge
ich	Milch	Licht	acht
nicht	richtig	machen	doch

....

Schreiben Sie alle Wörter, die ch enthalten, ins Heft.

Lesen Sie und schreiben Sie:

1. Das Buch ist gut.

2. Wir essen Kuchen.

3. Die Mädchen lachen.

4. Wir machen Licht.

5. Die Hausnummer ist acht.

6. Das Wort ist richtig.

Ch / ch

Markieren Sie Ch / ch, lesen Sie und schreiben Sie.

1. Lisa will kochen.

2. Anton will Kuchen essen

3. Oma will das Buch lesen.

4. Das Kind will Milch.

5. Eine Woche hat sieben Tage.

6. Ich will suchen.

7. Das Haus hat ein Dach.

8. Alle lachen.

9. Anna will Licht.

10. Das Bad ist rechts.

....

Was passt? Ergänzen Sie:

1. Das Kind will _ _ _ _ _ .

2. Eine _ _ _ _ _ hat sieben Tage.

3. Oma will das _ _ _ _ lesen.

4. Anton will _ _ _ _ _ _ essen.

5. Das Haus hat ein _ _ _ _ .

6. Anna will _ _ _ _ _ .

Sch / sch

Markieren Sie Sch / sch:

schreiben   Schere   schön   sehen

das   Schule   Schirm   Sofa

schlafen   Tasche   Flasche

Fisch   Tisch   Wasser   Tasse

....

Schreiben Sie alle Wörter, die Sch / sch enthalten, ins Heft.

Lesen Sie und schreiben Sie:

1. Wir lernen in der Schule.

2. Die Blumen sind schön.

3. Wir schreiben ins Heft.

4. Die Kinder schlafen.

5. Der Fisch ist gut.

6. Die Tasche ist groß.

Sch / sch

Markieren Sie Sch / sch, lesen Sie und schreiben Sie:

1. Wir schlafen im Bett.

2. Das Wetter ist schön.

3. Wir schreiben den Text.

4. Wir essen am Tisch.

5. Die Tasche ist schön.

6. Wir gehen in die Schule.

7. Die Schuhe sind gut.

Welche Wörter fehlen? Ergänzen Sie:

1. Wir _ _ _ _ _ _ _ _ _ den Text.

2. Die _ _ _ _ _ _ sind gut.

3. Wir _ _ _ _ _ _ _ _ im Bett.

4. Die _ _ _ _ _ _ ist schön.

5. Wir gehen in die _ _ _ _ _ _ .

6. Das Wetter ist _ _ _ _ _ .

7. Wir essen am _ _ _ _ _ .

Ei / ei

<u>*Markieren Sie alle Wörter mit Ei / ei:*</u>

Reis Heft Nudel Lampe

Zeit mein klein Brief

tief nein Eis Banane

Ananas Teil fein Kaffee

Kind Zimmer Ei ein

eine Kino Zitrone Zahn

eins zwei drei Zug

Gabel Hotel Ente Eingang

....

<u>*Schreiben Sie alle Wörter, die Ei oder ei enthalten, ins Heft.*</u>

Ei / ei

<u>*Markieren Sie Ei und ei, lesen Sie und schreiben Sie:*</u>

1. Der Reis ist fein.   2. Das Kind ist klein.

3. Ich habe keine Zeit.   4. Ich will ein Eis.

5. Der Eingang ist offen.   6. Anton hat zwei Kinder.

7. Ich sage nein.

....

<u>*Was passt? Ergänzen Sie:*</u>

1. Ich will ein _ _ _ .

2. Das Kind ist _ _ _ _ _ .

3. Der _ _ _ _ _ _ _ ist offen.

4. Der Reis ist _ _ _ _ .

5. Ich sage _ _ _ _ .

6. Anton hat _ _ _ _ Kinder.

7. Ich habe keine _ _ _ _ .

Eu / eu

Markieren Sie Eu / eu und lesen Sie:

neun   heute   heiß   nein

teuer   neu   Freund   ein

Feuer   Feier   Deutschland

Euro   Europa   Leute   laut

deutsch   dein   Freundin   euch

....

Schreiben Sie alle Wörter, die Eu / eu enthalten, ins Heft.

Lesen Sie und schreiben Sie:

1. Heute ist es heiß.

2. Das neue Auto ist teuer.

3. Meine Freundin ist in Deutschland.

4. Die Familie hat neun Kinder.

5. Da sind viele Leute.

Eu / eu

<u>*Markieren Sie Eu und eu und schreiben Sie:*</u>

1. *Unser Geld heißt Euro.*

2. *Das Feuer ist heiß.*

3. *Ali ist mein Freund.*

4. *Da sind keine Leute.*

5. *Ich danke euch.*

6. *Die Schuhe sind neu.*

7. *Ich habe neun Euro.*

....

<u>*Was passt? Ergänzen Sie:*</u>

1. *Ich habe _ _ _ _ Euro.*

2. *Ali ist mein _ _ _ _ _ _ .*

3. *Ich danke _ _ _ _ .*

4. *Das _ _ _ _ _ ist heiß.*

5. *Da sind keine _ _ _ _ _ .*

6. *Unser Geld heißt _ _ _ _ .*

7. *Die Schuhe sind _ _ _ .*

Äu / äu

Markieren Sie Äu / äu und lesen Sie:

Häuser   Baum   klein   Bäume

Raum   Räume   Maus   aus

Mäuse   Zaun   Zäune   Traum

Träume   kaufen   Verkäufer

....

Schreiben Sie alle Wörter, die Äu / äu enthalten, ins Heft.

Lesen Sie und schreiben Sie:

1. Die Häuser sind groß.

2. Da sind viele Bäume.

3. In der Schule sind viele Räume.

4. Ich möchte eine Hose kaufen. Wo ist die Verkäuferin?

5. Im Keller sind Mäuse.

6. In der Nacht haben wir Träume.

7. Um den Garten ist ein Zaun.

Äu / äu

Markieren Sie Äu / äu und lesen Sie:

1. Im Wald sind viele Bäume.   5. Der Baum ist grün.

2. Der Raum ist schön.   6. Die Räume sind groß.

3. Im Garten sind drei Bäume.   7. Der Zaun ist braun.

4. Die Mäuse sind grau.

....

Was passt? Ergänzen Sie:

1. Die _ _ _ _ _ sind groß.

2. Im Garten sind drei _ _ _ _ _.

3. Der _ _ _ _ ist braun.

4. Im Wald sind viele _ _ _ _ _.

5. Die _ _ _ _ _ sind grau.

6. Der _ _ _ _ ist schön.

7. Der _ _ _ _ ist grün.

Gemüse

Welche Wörter bezeichnen Gemüse? Markieren Sie 8 Wörter:

Tomate – Kartoffel – Orange – Apfel – Paprika – Zitrone -

Melone – Zwiebel – Karotte – Erdbeere – Gurke – Mais -

Spinat – Ananas - Banane

Wohnen

Was ist in der Wohnung? Markieren Sie 8 Wörter:

Lampe – Ampel – Tisch – Fisch – Schrank – Schule – Stuhl -

Bett – Baum – Tür – Tasse – Teller – Straße

Das Wetter

Welche Wörter beschreiben das Wetter?
Markieren Sie 8 Wörter:

Regen – Regal – Wind – Wand – Wolke – Sonne – Sonntag

Schnee – Schneider – warm – kalt – nett – heiß

Berufe

Welche Wörter bezeichnen Berufe? Markieren Sie 8 Wörter:

Taxifahrer – Messer – Schneider – Gabel – Hausfrau – Küche

Wohnzimmer – Lehrer – Mechaniker – Kellnerin – Wasser

Keller – Besen – Verkäuferin – Kind – Oma – Maurer

Freizeit

Was machen die Leute in der Freizeit? Markieren Sie 8 Wörter:

lesen – putzen – arbeiten – schwimmen – Fahrrad fahren -

waschen – joggen – einkaufen – bügeln – tanzen

ins Kino gehen – zur Schule gehen – das Auto reparieren

Fußball spielen – spazieren gehen – zum Arzt gehen

In der Stadt

Welche Plätze befinden sich in der Stadt?
Markieren Sie 8 Wörter:

Apotheke – Autobahn – Hotel – Schere – Café – Tee – Park

Hotel – Hose – Hase – Supermarkt – Bahnhof – Bank -

Bild – Tomate – Post – Apfel

Kleidung

Welche Wörter bezeichnen Kleidung?
Markieren Sie 8 Wörter:

Haus – Hose – Hemd – Hilfe – Bluse – Jacke – Mantel – Mond

Mund – Sonne – Anzug – Schuhe – Schule – Krawatte

Körperteile

Welche Wörter bezeichnen Körperteile?
Markieren Sie 8 Wörter:

Hund – Hand – Kopf – Topf – Fuß – Arm – Anna – Bein -

Bauch – Baum – Rose - Name – Nase – Auge – August – Auto

Zeit

Welche Wörter bezeichnen Zeitabschnitte?
Markieren Sie 8 Wörter:

Minute – Melone – Stunde – Stuhl – Tag – Monat – Monika -

Donnerstag – Dach – Samstag – Sofa – Sonne – Sonntag

Januar - Judo

Artikel

Markieren Sie alle maskulinen Wörter. Sie haben den Artikel „der". Wie viele sind es?

die Lampe, das Buch, der Kuli, der Tisch, die Blume, das Kind,

das Auto, der Bus, das Heft, der Computer, die Schule, das Heft,

das Wohnzimmer, der Stuhl, das Bett, die Ampel, der Junge

Markieren Sie alle femininen Wörter. Sie haben den Artikel „die". Wie viele sind es?

die Kartoffel, der Mann, die Frau, das Kind, die Tomate, der

Salat, das Regal, die Küche, das Geld, der Regen, der Schnee,

die Gesundheit, die Krankheit

Markieren Sie alle neutralen Wörter. Sie haben den Artikel „das". Wie viele sind es?

der Tag, die Stunde, das Brötchen, das Mädchen, der Bäcker,

die Lehrerin, das Heft, das Buch, der Buchstabe,

die Hausaufgabe, das Baby, die Bäckerei, das Essen

Wortarten

1. **Das Nomen**: Es hat einen Artikel oder kann einen haben. Es wird mit Großbuchstaben geschrieben. Es bezeichnet eine Person, eine Sache oder eine Idee. Es antwortet auf die Frage: Wer? oder Was?

Beispiele: Alle Wörter auf Seite 65 sind Nomen.

Finden Sie die Nomen und markieren Sie:

groß, klein, schreiben, das Kind, alt, jung, lernen, die Schule,

mit, auf, wohnen, leben, die Adresse, der Brief, der Absender,

lesen, schnell, langsam, der Name, die Straße, die Hausnummer

2. **Das Adjektiv**: Es hat keinen Artikel. Es wird mit Kleinbuchstaben geschrieben. Es antwortet auf die Frage:Wie?

Beispiele: kalt, warm, schnell, ...

Finden Sie die Adjektive und markieren Sie:

der Radiergummi, gut, kaufen, auf, hell, dunkel, das Ei,

das Bad, die Tasse, trinken, das Wasser, heiß, der Kaffee, bunt,

das Telefon, laut, klingeln, bügeln, ich, du, wir, die Person,

nett, gelb, fahren, der Zug, billig, teuer, gehen

Wortarten: das Verb

3. **Das Verb**: Es hat keinen Artikel. Es wird mit Kleinbuchstaben geschrieben. Es antwortet auf die Frage: Was tut jemand? Was geschieht?

Beispiele: heißen, sprechen, laufen, ...

Finden Sie die Verben und markieren Sie:

der Kopf, kommen, blau, grün, die Flasche, schlafen, die Wand, die Hand,

langsam, einkaufen, fernsehen, der Fernseher, das Sofa, anrufen,

das Telefon, telefonieren, warten, der Arzt, das Wartezimmer, das Büro,

schreiben, der Brief, die Sekretärin, die Rose, rot, gelb, schön, die Socken,

anziehen, tragen, das T-Shirt, die Hose, braun, die Haare, das Fenster,

öffnen, die Luft, atmen, gut, frisch, hell, die Sonne, warm, kalt, die Uhr,

der Termin, kommen, gehen, machen, früh, spät, acht, neun, die Zeit,

aufstehen, einschlafen, mitkommen, der Ausflug, das Fahrrad, putzen

Wortstellung im Satz

Monika	kauft	am Samstag	im Supermarkt	ein.
Wer?	Was tut jemand? (Verb)	Wann? (Wie oft?)	Wo? (Wohin?)	Verb 2

Markieren Sie in verschiedenen Farben: Wer? Was tut jemand? Wann? (Wie oft?) Wo? (Wohin?) Verb2 (wenn vorhanden)

1. Ali arbeitet heute in seinem Laden.

2. Frau Müller kann morgen nicht in den Kurs kommen.

3. Wir kaufen immer am Samstag bei Lidl ein.

4. Ich rufe morgen um 15 Uhr an.

Die Klasse	schreibt	am Montag	ein Diktat.	
Wer?	Was tut jemand?	Wann?	Was? (Wen?) Akkusativ	Verb 2, wenn vorhanden

Markieren Sie in verschiedenen Farben: Wer? Was tut jemand? Wann? Wen oder was? (Akkusativ)

1. Sabine bringt am Mittwoch ihre Tochter mit.

2. Herr Meier ruft mich morgen an.

2. Fatma holt um 12 Uhr ihre Kinder ab.

3. Das Kind kann am Nachmittag spielen.

Konjugation im Präsens

Markieren Sie die Person und die Endung wie im Beispiel:

Mustafa *geh**t** am Dienstag zum Arzt.*
Ich *fahr**e** mit dem Fahrrad zur Schule.*

1. Wir machen am Wochenende eine Party.

2. Familie Grün kommt mit dem Bus.

3. Die Kinder lernen in der Schule lesen.

4. Du schreibst einen Brief an das Jobcenter.

5. Ich komme morgen um 16 Uhr.

6. Irina trägt heute eine Hose und eine Bluse.

7. Ihr trinkt eine Tasse Kaffee.

8. Meine Kinder spielen auf dem Spielplatz.

9. Der Bäcker backt viele Brötchen.

10. Frau Schäfer spricht vier Sprachen.

11. Du bringst einen Kuchen mit.

12. Wir lesen die Zeitung.

13. Ihr geht am Vormittag zum Arzt.

Verben mit Vokalwechsel

Markieren Sie die Vokale wie im Beispiel:

*Wir f**a**hren nach Worms. - Anna f**ä**hrt auch mit.*

1. *Ich esse gern Hähnchen mit Pommes. Isst du auch gern Hähnchen?*

2. *Dana sieht einen Film. Ihre Freunde sehen mit.*

3. *Die Lehrerin liest den Satz. Die Schüler lesen den Satz nach.*

4. *Selma trägt ein rotes T-Shirt. Anna und Dana tragen weiße Blusen.*

5. *Wir sprechen alle Deutsch. Nur Ramin spricht Dari.*

6. *Papa nimmt ein Stück Pizza. Die Kinder nehmen auch Pizza.*

7. *Wir treffen unsere Freunde in der Stadt. Du triffst deine Freunde.*

8. *Katrin läuft schnell zum Bus. Omar und Samir laufen auch zum Bus.*

9. *Ich sehe ohne Brille nicht viel. Du siehst sehr gut.*

10. *Wir essen alle gern Salat. Nur du isst keinen Salat.*

11. *Welche Sprachen sprichst du? Ich spreche Türkisch und Deutsch.*

12. *Herr Schmitt liest die Zeitung. Die Kinder lesen Comics.*

13. *Maria trägt ein weißes Kleid. Ich trage Jeans und eine Bluse.*

Partizip-2-Bildung

<u>*Markieren Sie **ge**, wenn vorhanden:*</u>

1. *Anna und Elsa haben Kuchen gegessen.*

2. *Ich habe meine Kinder vom Kindergarten abgeholt.*

3. *Familie Klein hat uns am Sonntag besucht.*

4. *Hast du heute morgen Tee getrunken?*

5. *Ali hat bis 18 Uhr gearbeitet.*

6. *Mein Chef hat mich eben angerufen.*

7. *Der Mechaniker hat das Auto repariert.*

8. *Wir sind letztes Jahr nach Italien gefahren.*

9. *Am Samstag haben wir viele Lebensmittel eingekauft.*

10. *Karoline hat einen guten Test geschrieben.*

11. *Hast du gestern am Computer gearbeitet?*

12. *Walter hat seine Frau im Urlaub kennengelernt.*

13. *Das Kind hat im Kinderzimmer gespielt.*

14. *Ich bin im Sommer nach Australien geflogen.*

15. *Wir sind nach Mainz umgezogen.*